TANJA DUSY

VEGETARISCHE MEZZE

FOTOGRAFIE: JULIA HOERSCH, COCO LANG

INHALT

Öffnen Sie die Klappen dieses Buches.
Dort finden Sie die wichtigsten Infos zum Thema auf einen Blick!

DAS PRINZIP: VEGETARISCHE MEZZE

MEHR MEZZE-GENUSS

Immer griffbereit:

SO GEHT'S: LABNEH SELBER MACHEN

Immer griffbereit:

SO GELINGT'S: MEZZE-STYLING

GU CLOU

Wussten Sie schon, dass ...? Entdecken Sie bei einigen ausgewählten Rezepten ganz besondere Tipps mit verblüffendem Insiderwissen. Aha-Momente garantiert!

Mit diesem Symbol sind alle veganen Gerichte gekennzeichnet.

Die Backzeiten können je nach Herd variieren. Unsere Temperaturangaben beziehen sich auf das Backen im Elektroherd mit Ober- und Unterhitze.

REZEPTKAPITEL

TANJA DUSY

Essen in netter, entspannter Gesellschaft, mit Familie und Freunden gehört für unsere Autorin zu den schönsten Dingen der Welt. Und weil sie ein Faible für die gewürzstarken Küchen des (Nahen) Ostens hat, stehen bei ihr zu solchen Gelegenheiten bevorzugt Mezze auf dem Tisch.

Was sind Mezze eigentlich?

Vor allem in den Mittelmeerländern des Nahen Ostens, im Libanon, in Israel und Syrien haben Mezze als Vorspeisen eine lange Tradition. Meist werden dabei gleich mehrere, verschiedene Häppchen in kleinen Schälchen, manchmal auf einer großen Platte angerichtet. In der Tischmitte platziert, können sich dann alle nach Lust und Laune bedienen und so den ersten Hunger vor dem Hauptgericht stillen.

Sind Mezze immer vegetarisch?

Natürlich gibt es auch Mezze mit Fisch oder Fleisch. Ich finde aber rein vegetarische viel spannender. Cremige Dips aus Hülsenfrüchten oder auf Basis von Joghurt und Frischkäse, knusprig Gebackenes und Frittiertes sowie Gemüse, das möglichst bunt und unterschiedlich gewürzt ist – mehr braucht es eigentlich nicht, um rundum satt und glücklich zu werden. Mit frischen und zeitgemäßen Rezepten ersetzt für mich eine Veggie-Mezze-Tafel, wie übrigens heute auch in vielen orientalischen Ländern, sogar das eigentliche Hauptgericht!

Dann braucht es außer Mezze gar nichts?

Kaum etwas. Brot, das im Nahen Osten oft auch zum Aufnehmen der Speisen verwendet wird, gehört mit auf den Tisch. Hier ist frisches Fladenbrot für mich die erste Wahl. Als Getränk serviere ich gerne wie in orientalischen Ländern üblich (grünen) Tee mit Minze, Wasser oder eine selbst gemachte Limonade. Aber es darf natürlich auch mal ein Gläschen Wein zum Anstoßen auf die vielen vegetarischen Köstlichkeiten sein!

HALLOUMI MIT MINZE

200 g Halloumi in knapp 1 cm dicke Scheiben schneiden. Den Backofengrill vorheizen.

2 EL Olivenöl mit 2 EL Zitronensaft und 2 EL Zataar verrühren.

Den Halloumi im Würzöl wenden und in eine ofenfeste Form legen. Unter dem heißen Grill 3–4 Min. grillen. Wenden und weitere 2–4 Min. grillen.

4 Stängel Minze waschen und trocken schütteln. Die Blätter abzupfen und in schmale Streifen schneiden.

Den Halloumi in der Form auf den Tisch stellen. Mit der Minze bestreuen und heiß servieren. Dazu passt Fladenbrot. Reicht für 4 Personen.

LET'S DIP

Für 4 Personen • 10 Min. Zubereitung • 1 Std. Garen • 1 Std. Kühlen • Pro Portion ca. 200 kcal, 5 g E, 15 g F, 10 g KH

BABA GANOUSH

KLASSIKER AUS DEM LIBANON

4 Auberginen
3 Knoblauchzehen
2 Stängel Minze
8 Stängel Petersilie
2 EL Tahin (Sesampaste)
3 EL Zitronensaft
4 EL Olivenöl
Salz
Pfeffer
½ TL gemahlener Kreuzkümmel

1 Den Backofengrill vorheizen, ein Backblech mit Alufolie belegen. Auberginen waschen und mit einer Gabel mehrmals rundum tief einstechen, damit sie in der Hitze des Backofens nicht »explodieren«. Die Auberginen auf das Backblech legen und im Ofen (oben) 50–60 Min. garen. Dabei drei- bis viermal wenden, damit sie rundum rösten. Am Ende der Garzeit sollte die Haut trocken, leicht angebrannt und leicht eingefallen sein.

2 Die Auberginen aus dem Ofen nehmen, längs aufschneiden und in einem Sieb lauwarm abkühlen und abtropfen lassen. Inzwischen den Knoblauch schälen und grob schneiden. Minze und Petersilie waschen und die Blätter abzupfen. Einige Blätter zum Garnieren beiseitelegen, die restlichen fein schneiden.

3 Die Auberginen halbieren und das Fruchtfleisch mit einem Löffel sorgfältig herausschaben. Mit einem Messer klein hacken. Das Fruchtfleisch dann mit Knoblauch, Tahin, Zitronensaft und Olivenöl gründlich vermischen. Mit Salz, Pfeffer und Kreuzkümmel würzen und die Kräuter untermischen.

4 Den Auberginendip in einer Schale oder auf einer Platte anrichten und zugedeckt ca. 1 Std. im Kühlschrank durchziehen lassen. Danach die übrigen Kräuterblätter grob zerpflücken, auf den Dip streuen und servieren.

GU **CLOU**

Die Auberginen bekommen durch das starke Erhitzen im Ofen einen leicht rauchigen Geschmack – also keine Angst, sie dürfen ruhig etwas »verkohlt« aussehen. Derselbe Effekt lässt sich natürlich im Sommer noch besser auf dem Grill erzielen!

Für 4 Personen • 10 Min. Zubereitung •
Pro Portion ca. 470 kcal, 14 g E, 25 g F, 40 g KH

HUMMUS

EIN ECHTES MUSS

2 Dosen Kichererbsen (à 400 g) • 1 Knoblauchzehe • 1 Zitrone • 3 EL Tahin (Sesampaste) • ¾ TL gemahlener Kreuzkümmel • ½ TL gemahlener Koriander • ½ TL edelsüßes Paprikapulver • 6 EL Olivenöl • Salz • Pfeffer

1 Kichererbsen in einem Sieb abtropfen lassen, dabei den Einlegesud auffangen. Knoblauch schälen und grob schneiden. Zitrone auspressen.

2 Kichererbsen, Knoblauch, Zitronensaft, Tahin, Kreuzkümmel, Koriander und Paprikapulver mit dem Pürierstab mixen. Dabei nach und nach 5 EL Olivenöl und so viel Einlegesud zugeben, bis eine cremige Masse entstanden ist. Sie kann nach Belieben fester oder dünner sein.

3 Den Hummus mit Salz und Pfeffer würzen. In einem Schälchen anrichten und mit dem übrigen Olivenöl (1 EL) beträufeln.

Für 4 Personen • 20 Min. Zubereitung •
Pro Portion ca. 240 kcal, 7 g E, 19 g F, 10 g KH

ROTE-BETE-DIP

PRETTY IN PINK

25 g Walnusskerne • 250 g gegarte Rote Bete (vakuumverpackt) • 100 g Schafskäse (Feta) • 1 Knoblauchzehe • 6 Stängel Dill • 4 EL Olivenöl • ½ TL gemahlener Kreuzkümmel • Salz • Pfeffer • 3 Spritzer Zitronensaft • ½ TL Schwarzkümmel

1 Walnüsse in einer Pfanne ohne Fett rösten, bis sie bräunen. Abkühlen lassen und grob zerbrechen. Rote Bete und Schafskäse trocken tupfen und grob zerschneiden. Knoblauch schälen und würfeln. Dill waschen, trocken schütteln und die Spitzen fein schneiden.

2 Nüsse, Rote Bete, Käse, Knoblauch, die Hälfte vom Dill und 3 EL Öl cremig pürieren. Mit Kreuzkümmel, Salz und Pfeffer würzen und mit Zitronensaft abschmecken. In ein Schälchen füllen, mit übrigem Öl (1 EL) beträufeln, mit übigem Dill und Schwarzkümmel bestreuen.

Für 4 Personen • 15 Min. Zubereitung • Pro Portion ca. 210 kcal, 8 g E, 13 g F, 14 g KH

BOHNEN-ARTISCHOCKEN-DIP

LAST-MINUTE-DIP

5 Eiswürfel • 1 Dose weiße Bohnen (400 g) • 1 Glas Artischockenherzen (100 g Abtropfgewicht) • 1 Knoblauchzehe • 2 Zweige Thymian • 1 Bio-Zitrone • 2 EL Tahin (Sesampaste) • 3 EL Olivenöl • Salz • Pfeffer • 1 TL Sumach

1 Eiswürfel mit 100 ml kaltem Wasser mischen. Bohnen und Artischocken in einem Sieb abtropfen lassen. Knoblauch schälen und zerschneiden, Thymian waschen, trocken schütteln und die Blätter hacken. Zitrone heiß abwaschen, abtrocknen, die Schale abreiben, den Saft auspressen.

2 Bohnen, Artischocken, Knoblauch, die Hälfte vom Thymian, Zitronenschale, 1 EL Zitronensaft, Tahin und 2 EL Öl im Mixer pürieren. Dabei nach und nach Eiswasser zugeben. Mit Salz, Pfeffer und 1–2 EL Zitronensaft abschmecken. In eine Schale füllen, mit übrigem Öl (1 EL) beträufeln, mit übrigem Thymian und Sumach bestreuen.

Für 4 Personen • 25 Min. Zubereitung • Pro Portion ca. 155 kcal, 7 g E, 10 g F, 8 g KH

GRÜNER ERBSENDIP

FRÜHLINGSFRISCH

2 Frühlingszwiebeln • 2 EL Olivenöl • 300 g TK-Erbsen • Salz • Pfeffer • 2 Stängel Estragon • 2 Stängel Minze • ½ Bio-Zitrone • 150 g Ricotta • ½ TL gemahlener Kreuzkümmel • ¼ TL Chiliflocken

1 Frühlingszwiebeln putzen und waschen. Den weißen Teil längs vierteln und klein schneiden, den grünen Teil in Ringe schneiden. Öl in einem Topf erhitzen und die weißen Zwiebelstücke darin andünsten. Erbsen und 5 EL Wasser zugeben, salzen, pfeffern und offen ca. 8 Min. garen, bis die Flüssigkeit verdunstet ist. Abkühlen lassen.

2 Estragon und Minze waschen, trocken schütteln und die Blätter schneiden. Zitrone waschen, abtrocknen, die Schale abreiben, den Saft auspressen. Erbsen, Kräuter, ¾ TL Zitronenschale und 1 EL Saft pürieren. Ricotta unterheben. Den Dip mit Salz, Pfeffer und Kreuzkümmel würzen, mit Zwiebelgrün und Chiliflocken bestreuen.

Für 4 Personen • 40 Min. Zubereitung • Pro Portion ca. 410 kcal, 17 g E, 17 g F, 46 g KH

LINSEN-KIBBEH-DIP

MACHT FLEISCHLOS GLÜCKLICH

200 g rote Linsen
75 g feiner Bulgur
Salz
2 Zwiebeln
2 Knoblauchzehen
6 EL Olivenöl
1 ½ EL Tomatenmark
1 EL (Rosen-)Harissa
1 kleines Bund Petersilie
4 Stängel Minze
1 TL gemahlener Kreuzkümmel
4 EL Zitronensaft
Pfeffer

GUT ZU WISSEN
Gewürztes Fleischtatar mit Bulgur (»Kibbeh nayyeh«) ist eine libanesische Spezialität. Dazu existieren viele Veggie-Varianten, z. B. auf Basis von Linsen oder Kartoffeln. Gegessen wird Kibbeh wie ein Dip: einfach mit einem Stück (Fladen-)Brot aufnehmen.

1 Linsen in einem Sieb kalt abbrausen und abtropfen lassen. Mit 450 ml Wasser in einem Topf aufkochen und zugedeckt bei mittlerer Hitze in 20–25 Min. sehr weich kochen. Falls nötig, zwischendurch wenig Wasser zugeben. Am Ende der Garzeit sollte noch ca. 5 mm hoch Wasser im Topf sein. Bulgur unterrühren, salzen und bei sehr kleiner Hitze oder ausgeschaltetem Herd zugedeckt ca. 15 Min. quellen lassen.

2 Inzwischen Zwiebeln und Knoblauch schälen und fein würfeln. In einer beschichteten Pfanne 4 EL Öl erhitzen und beides darin goldgelb dünsten. Tomatenmark unterrühren und 1–2 Min. mitbraten. Dann Harissa einrühren, vom Herd nehmen und etwas abkühlen lassen.

3 Die Zwiebelmischung zur Linsenmasse geben. Alles kräftig vermengen, dabei die Linsen weiter breiig zerdrücken. Petersilie und Minze waschen, trocken schütteln und die Blätter getrennt fein hacken. 1–2 EL Petersilie beiseitelegen, die restliche Petersilie mit der Minze unter die Linsen mischen. Mit Kreuzkümmel, 3 EL Zitronensaft, Salz und Pfeffer würzen.

4 Die Kibbehmasse flach in einer Schale verteilen, glatt streichen und mit einem Löffel kleine Mulden hineindrücken. Den Dip mit dem übrigen Olivenöl (1 EL) beträufeln und mit der restlichen Petersilie bestreuen.

Für 4 Personen • 25 Min. Zubereitung • 30 Min. Garen • Pro Portion ca. 365 kcal, 15 g E, 19 g F, 31 g KH

GELBER LINSEN-ZWIEBEL-DIP

SCHLICHT UND GUT

200 g gelbe Linsen
3 Zwiebeln
7 EL Olivenöl
1 Lorbeerblatt
1 TL gemahlene Kurkuma
Salz
2 Knoblauchzehen
Saft von ½ Zitrone
Pfeffer
2 EL gehacktes Koriandergrün (nach Belieben)

GUT ZU WISSEN
Das Pürieren gibt den Linsen eine wunderbar cremige Konsistenz – perfekt zum Dippen. Allerdings zieht das Püree durch die freigesetzte Stärke beim Abkühlen an und wird wieder fester. Also am besten etwas Kochwasser zurückbehalten und gegebenenfalls später noch unterrühren.

1 Linsen in einem Sieb kalt abbrausen und abtropfen lassen. Zwiebeln schälen, 1 Zwiebel würfeln. 1 EL Olivenöl in einem Topf erhitzen und die Zwiebelwürfel darin goldgelb dünsten. Linsen, Lorbeerblatt und ¼ TL Kurkuma einrühren. Mit 500 ml Wasser ablöschen und aufkochen. Die Linsen dann bei mittlerer Hitze 25–30 Min. garen, bis sie sehr weich sind und zerfallen. Erst am Ende salzen.

2 Die Linsen in ein Sieb abgießen, dabei das Kochwasser auffangen und lauwarm abkühlen lassen. Das Lorbeerblatt entfernen. Knoblauch schälen und 1 Zehe zu den Linsen pressen. 2 EL Öl und 2 EL Zitronensaft zugeben und die Linsen fein pürieren. Dabei so viel Kochwasser zugeben, bis eine cremige Masse entstanden ist. Mit Salz, Pfeffer und nach Belieben Zitronensaft abschmecken und abkühlen lassen.

3 Die übrigen 2 Zwiebeln läng halbieren und in dünne Streifen schneiden. Die restliche Knoblauchzehe fein würfeln. Übriges Öl (4 EL) in einer beschichteten Pfanne erhitzen und die Zwiebeln darin bei kleiner bis mittlerer Hitze in ca. 10 Min. hellbraun braten. Salzen, den Knoblauch zugeben und alles in ca. 5 Min. goldbraun braten. Restliche Kurkuma (¾ TL) darüberstreuen und unter Rühren 1–2 Min. mitrösten. Die Zwiebeln durch Küchenpapier abtropfen lassen.

4 Den Linsendip in einer Schale anrichten. Die Zwiebeln darauf verteilen und nach Belieben mit Koriandergrün bestreuen.

Für 4 Personen • 15 Min. Zubereitung • 30 Min. Garen • 30 Min. Kühlen •
Pro Portion ca. 180 kcal, 5 g E, 14 g F, 9 g KH

ZUCCHINI-MUTTABAL

LEICHT UND ERFRISCHEND

2 mittlere Zucchini (400 g)
6 Zweige Zitronenthymian (ersatzweise Thymian)
1 Knoblauchzehe
3 EL Olivenöl
3 Msp. Chiliflocken
Salz
Pfeffer
5 Stängel Dill
2 Stängel Minze
200 g griechischer Joghurt (10 % Fett)
2 TL Sumach

1 Den Backofen auf 200° vorheizen. Zucchini waschen, putzen, längs halbieren und in 5 cm breite Stücke schneiden. Mit der Schnittseite nach oben in eine ofenfeste Form legen. Thymian waschen, trocken schütteln und die Blätter hacken. Knoblauch schälen und durchpressen. Thymian, Knoblauch und 2 EL Öl verrühren. Mit Chiliflocken, Salz und Pfeffer würzen und auf den Zucchini verteilen.

2 Die Zucchini im Ofen (Mitte) in 25–30 Min. sehr weich garen. Mit dem übrigen Öl (1 EL) beträufeln, den Backofengrill zuschalten und in ca. 5 Min. bräunen. Aus dem Ofen nehmen, in ein feines Sieb geben und ca. 30 Min. abtropfen und abkühlen lassen.

3 Dill und Minze waschen, trocken schütteln, Spitzen und Blätter schneiden. 1 EL beiseitelegen, restliche Kräuter mit Joghurt verrühren. Die Zucchini klein hacken, mit 1–2 EL Garsud untermischen. Den Dip salzen, pfeffern, mit übrigen Kräutern und Sumach bestreuen.

Für 4 Personen • 30 Min. Zubereitung • 20 Min. Kühlen • Pro Portion ca. 155 kcal, 5 g E, 10 g F, 11 g KH

GURKEN-JOGHURT-DIP

KÜHLENDER SOMMERDIP

400 g griechischer Joghurt (10 % Fett)
2 EL Rosinen
1 Salatgurke
2 Frühlingszwiebeln
1 Knoblauchzehe
½ TL gemahlener Kreuzkümmel
1 TL gemahlener Koriander
3 Msp. Chiliflocken
Salz
Pfeffer
5 Stängel Minze

1 Ein feines Sieb mit einem (Mull-)Tuch auslegen. Joghurt hineingeben, das Tuch darüber zusammenfassen und zusammendrehen. Den Joghurt ca. 20 Min. abtropfen lassen. Danach gut ausdrücken und das Tuch fest zudrehen, damit möglichst viel Flüssigkeit abtropft.

2 Inzwischen Rosinen grob hacken. Gurke schälen, längs halbieren und die Kerne herausschaben. Die Hälften klein würfeln. Frühlingszwiebeln putzen und waschen. Den weißen Teil längs vierteln und klein schneiden. Den grünen Teil in Ringe schneiden, einige Ringe beiseitelegen. Alles mit dem Joghurt in einer Schüssel verrühren.

3 Knoblauch schälen und dazupressen. Mit Kreuzkümmel, Koriander, 2 Msp. Chiliflocken, Salz und Pfeffer würzen. Minze waschen, trocken schütteln und die Blätter fein schneiden. Einige beiseitelegen, die restlichen in den Joghurt rühren. Den Dip 10–20 Min. kühlen. Mit Zwiebelgrün, übriger Minze und Chiliflocken bestreuen.

Für 4 Personen • 20 Min. Zubereitung • 30 Min. Garen • 1 Std. Kühlen • Pro Portion ca. 250 kcal, 5 g E, 19 g F, 15 g KH

MUHAMMARA

KLASSIKER AUS SYRIEN

3 große rote Paprika
50 g Weißbrot (vom Vortag, z. B. Baguette)
50 g Walnusskerne
1 Knoblauchzehe
2 EL Zitronensaft
1 EL Granatapfelmelasse
4 EL Olivenöl
1 TL gemahlener Kreuzkümmel
½ TL edelsüßes Paprikapulver
3 Msp. Chilipulver
Salz
Pfeffer

GUT ZU WISSEN
Durch den warmen Wasserdampf, der sich unter dem Tuch bildet, lässt sich die Haut der Paprikaschoten anschließend leichter abziehen.

1 Den Backofen auf 250° vorheizen, ein Backblech mit Backpapier belegen. Paprika waschen, vierteln, weiße Trennwände und Kerne entfernen. Die Viertel mit der Hautseite nach oben dicht an dicht auf das Blech legen. Im Ofen (oben) 25–30 Min. rösten, bis die Haut großflächig dunkle Blasen wirft.

2 Inzwischen das Brot in dünne Scheiben schneiden und im Toaster knusprig goldbraun rösten. Danach grob zerbröseln. Walnüsse in einer Pfanne ohne Fett rösten, bis sie duften und leicht bräunen. Herausnehmen und abkühlen lassen, 1 EL davon beiseitelegen. Knoblauch schälen und grob schneiden.

3 Die Paprikaviertel in einer Schüssel übereinanderlegen, mit einem angefeuchteten Geschirrtuch abdecken und kurz abkühlen lassen. Danach die Haut mit einem spitzen Messer abziehen und die Schoten grob schneiden.

4 Paprika, Brot, Walnüsse, Knoblauch, 1 ½ EL Zitronensaft, Granatapfelmelasse und Olivenöl nach Belieben stückiger oder feiner pürieren. Das Püree mit Kreuzkümmel, Paprikapulver, Chilipulver, Salz und Pfeffer würzen und eventuell mit dem übrigen Zitronensaft (½ EL) abschmecken. Ganz auskühlen und noch ca. 1 Std. durchziehen lassen. Den Dip in ein Schälchen füllen und mit den übrigen Walnüssen bestreuen.

ZUM KNABBERN & KNUSPERN

*Für 4 Personen • 40 Min. Zubereitung • 12 Std. Einweichen • 1 Std. Ruhen •
Pro Portion ca. 475 kcal, 13 g E, 30 g F, 38 g KH*

GRÜNE FALAFELN

KNUSPRIGER KLASSIKER

250 g getrocknete Kichererbsen
2 Knoblauchzehen
½ Bund Koriandergrün
½ Bund Petersilie
1 EL Zitronensaft
1 TL Backpulver
3 EL Mehl
1 TL gemahlener Kreuzkümmel
½ TL gemahlener Koriander
⅓ TL Chilipulver
Salz
Pfeffer
1,2 l Öl zum Frittieren

GEKONNT FRITTIEREN

Nicht zu viele Bällchen auf einmal ins heiße Öl geben, sonst sinkt die Temperatur zu stark ab. Der Effekt: Der Garvorgang verlängert sich, die Falafeln werden nicht knusprig, sondern saugen sich voll Fett.

1 Kichererbsen in einer großen Schüssel in reichlich Wasser zugedeckt ca. 12 Std. (am besten über Nacht) einweichen. Danach in ein Sieb abgießen, kalt abbrausen und abtropfen lassen.

2 Knoblauch schälen und würfeln. Koriandergrün und Petersilie waschen, trocken schütteln und samt Stielen grob zerschneiden. Knoblauch, Kräuter und Zitronensaft zu den Kichererbsen geben. Alles portionsweise in der Küchenmaschine krümelig zerkleinern, jedoch nicht breiig pürieren.

3 Backpulver, 2 EL Mehl, Kreuzkümmel, Koriander, Chilipulver, Salz und Pfeffer untermischen. Die Masse sollte sich nun leicht mit den Fingern zusammendrücken lassen und zusammenhalten. Ist sie zu trocken, 1–3 EL Wasser einarbeiten, ist sie zu feucht, das übrige Mehl (1 EL) zugeben. Die Masse zugedeckt ca. 1 Std. im Kühlschrank ruhen lassen.

4 Danach aus der Kichererbsenmasse mit angefeuchteten Händen walnussgroße Bällchen formen und diese gut zusammenpressen. Das Öl in einem Topf oder in der Fritteuse auf 180° erhitzen. Es ist heiß genug, wenn an einem hineingetauchten Holzspieß sprudelnd Bläschen aufsteigen.

5 Die Falafeln portionsweise im heißen Öl in 4–5 Min. knusprig frittieren. Herausheben und durch Küchenpapier abtropfen lassen. Sofort servieren oder im 90° heißen Backofen warm halten.

Für 4 Personen • 10 Min. Zubereitung • 40 Min. Garen • Pro Portion ca. 220 kcal, 7 g E, 9 g F, 23 g KH

GERÖSTETE KICHERERBSEN

GESUND UND CRUNCHY

2 Dosen Kichererbsen (à 240 g Abtropfgewicht) • 1 Knoblauchzehe • 3 EL Olivenöl • 2 TL Baharat (oriental. Gewürzmischung) • ½ TL gemahlene Kurkuma • Salz • Pfeffer

1 Den Backofen auf 220° vorheizen, ein Backblech mit Backpapier belegen. Kichererbsen in ein Sieb abgießen, kalt abbrausen und gut abtropfen lassen.

2 Knoblauch schälen und in eine Schüssel pressen. Öl, Baharat und Kurkuma unterrühren, kräftig salzen und pfeffern. Die Kichererbsen zugeben und alles gut mischen. Dann auf dem Backblech verteilen und im Ofen (Mitte) in 30–40 Minuten knusprig braun rösten. Dabei zwei- bis dreimal mit einem Löffel umrühren.

3 Die Kichererbsen abkühlen lassen. Nach Belieben in einem verschließbaren Glas lagern.

Für 4 Personen • 10 Min. Zubereitung • 18 Min. Garen • Pro Portion ca. 420 kcal, 14 g E, 37 g F, 9 g KH

GEWÜRZMANDELN

WÜRZIGE KNABBEREI

1 EL Olivenöl • 2 TL Honig • 2 TL Zucker • 1 EL Limettensaft • 1 TL gemahlener Kreuzkümmel • 1 ½ TL Ras el Hanout (oriental. Gewürzmischung) • 2 Msp. Chilipulver • Salz • Pfeffer • 250 g Mandeln

1 Den Backofen auf 160° vorheizen, ein Backblech mit Backpapier belegen. Öl, Honig, 1 TL Zucker und Limettensaft verrühren. Kreuzkümmel, Ras el Hanout, Chilipulver, etwas Salz und reichlich Pfeffer vermischen. Gut die Hälfte der Würzmischung mit Öl und Mandeln verrühren.

2 Die Mandeln auf dem Blech verteilen, etwas Würzmischung darüberstreuen und salzen. Im Ofen (Mitte) 15–18 Min. rösten, aber nicht zu dunkel werden lassen. Dabei nach 7–8 Min. durchrühren, mit übriger Würzmischung und Zucker (1 TL) bestreuen. Auf dem Blech auskühlen lassen. Nach Belieben in einem verschließbaren Glas lagern.

Für 4 Personen • 20 Min. Zubereitung • 24 Std. Marinieren • Pro Portion ca. 215 kcal, 4 g E, 21 g F, 2 g KH

GRÜNE KRÄUTER-OLIVEN

SUPEREINFACH

150 g grüne Oliven (entsteint, in Salzlake) • 1 Knoblauchzehe • ½ Bund Petersilie • ½ Bund Koriandergrün • 40 g Mandeln • 5 EL Olivenöl • ½ Zitrone • ½ TL gemahlener Kreuzkümmel • Salz • Pfeffer

1 Oliven abtropfen lassen und längs halbieren. Knoblauch schälen und grob schneiden. Petersilie und Koriandergrün waschen, trocken schütteln und die Blätter grob schneiden. Knoblauch, Kräuter, Mandeln und Olivenöl im Mixer in Intervallen grob pürieren.

2 Zitrone heiß abwaschen, abtrocknen, die Schale abreiben und den Saft auspressen. Zitronenschale und 1–2 EL Saft zum Kräuterpüree geben und alles nochmals feiner pürieren. Das Püree mit Kreuzkümmel, Salz und Pfeffer würzen. Mit den Oliven mischen, in ein verschließbares Glas geben und ca. 24 Std. durchziehen lassen.

Für 4 Personen • 15 Min. Zubereitung • 15 Min. Backen • Pro Portion ca. 415 kcal, 9 g E, 16 g F, 58 g KH

KNUSPRIGE FLADEN-BROTCHIPS

PERFEKT ZU VIELEN DIPS

2 große Dürüm-Fladen (türk. Fladenbrot à 200 g; ersatzweise Lavash-Fladen oder Tortillas) • 1 TL getrockneter Thymian • ¾ TL edelsüßes Paprikapulver • 4 EL Olivenöl • Salz

1 Den Backofen auf 180° vorheizen. Die Fladen in drei- oder viereckige chipsgroße Stücke schneiden. (Falls sie doppellagig sind, die Lagen vorher voneinander trennen.) Thymian zwischen den Fingern fein zerreiben, mit Paprikapulver und Öl verrühren. Die Brotstücke beidseitig dünn mit dem Würzöl bestreichen, auf einem Backblech verteilen und mit Salz bestreuen.

2 Die Chips im Ofen (Mitte) 5–7 Min. backen, dann wenden und in weiteren 6–8 Min. knusprig braun backen. Dabei gegen Ende der Garzeit darauf achten, dass die Chips nicht verbrennen. Aus dem Ofen nehmen und auf einem Kuchengitter abkühlen lassen.

Für 12 Stück • 35 Min. Zubereitung • Pro Stück ca. 140 kcal, 1 g E, 13 g F, 5 g KH

YUFKARÖLLCHEN MIT MANGOLDFÜLLUNG

UNGEWÖHNLICH WÜRZIG

FÜR DIE FÜLLUNG

300 g Mangoldblätter (ohne Stiele)
1 große Zwiebel
1 Knoblauchzehe
3 EL Olivenöl
Salz
Pfeffer
½ TL Baharat (oriental. Gewürzmischung)
⅓ TL Sumach
2 EL Zitronensaft

FÜR DIE RÖLLCHEN

6 rechteckige Yufkateigblätter (150 g, aus dem Kühlregal; ersatzweise Filoteig)
Öl zum Frittieren

GUT ZU WISSEN
In türkischen und italienischen Lebensmittelgeschäften wird im Frühjahr und Sommer häufig junger Schnittmangold im Bund angeboten, der nur ganz dünne Stängel hat. Alternativ lässt sich auch frischer (Wurzel-)Spinat verwenden.

1 Für die Füllung den Mangold waschen und trocken schütteln. Die Blätter längs halbieren, dann quer in 5 mm breite Streifen schneiden. Zwiebel und Knoblauch schälen und fein würfeln. Das Öl in einer Pfanne erhitzen und beides darin bei mittlerer Hitze goldgelb dünsten. Den Mangold zugeben und bei großer Hitze unter Rühren zusammenfallen lassen, bis die gesamte Flüssigkeit verkocht ist. Mit Salz, Pfeffer, Baharat, Sumach und Zitronensaft würzen.

2 Für die Röllchen je 2 Teigblätter übereinanderlegen und mit zwei diagonalen Schnitten in 4 Dreiecke schneiden. Jeweils auf der langen Seite eines Dreiecks 2 TL Mangold längs verteilen, sodass zum unteren Rand 1 cm, links und rechts je 2–3 cm frei bleiben. Die seitlichen Ecken nach innen über die Füllung klappen und den Teig vorsichtig von unten über die Füllung nach oben aufrollen. Die offene Spitze mit Wasser befeuchten und festkleben. So fortfahren und insgesamt 12 Röllchen formen.

3 In einen weiten Topf 2–3 cm hoch Öl gießen und erhitzen. Es ist heiß genug, wenn an einem hineingetauchten Holzspieß sprudelnd Bläschen aufsteigen. Ein Drittel der Röllchen ins heiße Öl geben und in 1–3 Min. knusprig braun ausbacken, dabei mithilfe eines Löffels wenden. Herausnehmen und durch Küchenpapier abtropfen lassen. So zügig nacheinander alle Röllchen frittieren. Möglichst lauwarm servieren.

FATAYER MIT KÄSE

LIBANESISCHE SPEZIALITÄT

Für 24 Stück • 1 Std. Zubereitung • 1 Std. 15 Min. Ruhen • 20 Min. Backen •
Pro Stück ca. 105 kcal, 5 g E, 5 g F, 11 g KH

FÜR DEN TEIG

350 g Mehl
Salz
½ TL Zucker
1 Tütchen Trockenhefe (7 g)
125 ml Milch
3 EL Olivenöl

FÜR DIE FÜLLUNG

200 g Schafskäse (Feta)
150 g geriebener Mozzarella
6 Stängel Petersilie
3 Stängel Minze
2 Eier (M)
Salz
Pfeffer

AUSSERDEM

Mehl zum Arbeiten

1 Für den Teig Mehl, ¾ TL Salz, Zucker und Hefe in einer Rührschüssel mischen. Milch und 125 ml Wasser lauwarm erhitzen. Nach und nach zur Mehlmischung gießen und dabei mit den Knethaken des Handrührgeräts auf kleiner Stufe kneten, bis sich alles verbunden hat. Zuletzt löffelweise Öl untermischen und alles auf höchster Stufe in 6–7 Min. zu einem flaumigen Teig verkneten. Den Teig zu einer Kugel formen und in die Schüssel legen. Mit einem feuchten Tuch abdecken und ca. 1 Std. an einem warmen Ort gehen lassen.

2 Für die Füllung den Schafskäse mit einer Gabel zerbröseln. Mit dem Mozzarella mischen. Petersilie und Minze waschen, trocken schütteln und die Blätter fein schneiden. Eier verquirlen. Käse und Kräuter unterrühren, salzen und pfeffern (Bild 1).

3 Den Teig auf der bemehlten Arbeitsfläche nochmals durchkneten. In 24 Portionen teilen, zu Kugeln formen und zu Kreisen (8 cm ∅) ausrollen. Jeweils 1 gehäuften TL Füllung in die Mitte setzen (Bild 2). Die obere und untere Seite des Kreises nach oben an die Füllung legen (Bild 3). Die offenen Teigenden rechts und links mit den Fingern gut zusammendrücken (Bild 4) und die Öffnung um die Füllung rund in Form drücken.

4 Die Teigtaschen mit etwas Abstand auf ein mit Backpapier belegtes Blech setzen (Bild 5) und ca. 15 Min. gehen lassen. Inzwischen den Backofen auf 200° vorheizen. Die Fatayer im Ofen (Mitte) in 15–20 Min. goldbraun backen. Herausnehmen, kurz abkühlen lassen und servieren (Bild 6).

*Für 32 Stück • 1 Std. 15 Min. Zubereitung • 1 Std. 15 Min. Ruhen • 30 Min. Backen •
Pro Stück ca. 95 kcal, 2 g E, 4 g F, 13 g KH*

MINI-MANAKISH

LEVANTINISCHE PIZZA

FÜR DEN TEIG

500 g Pizzamehl (Tipo 00; ersatzweise Weizenmehl Type 550)
Salz
1 TL Zucker
1 Tütchen Trockenhefe (7 g)
4 EL Olivenöl

FÜR DEN BELAG

5 große Tomaten
1 große Zwiebel
Salz
1 TL getrocknete Minze
Pfeffer
3 EL Zataar
8 EL Olivenöl

AUSSERDEM

Mehl zum Arbeiten

MEHR DARAUS MACHEN
Den Teig halbieren oder vierteln und daraus zwei oder vier Fladenbrote backen. Sie sind die perfekte Beilage zu Dips oder Gemüse und schmecken am besten ofenwarm.

1 Für den Teig Mehl, 1 ½ TL Salz, Zucker und Hefe in einer Rührschüssel mischen. 275 ml lauwarmes Wasser zugießen und mit dem Knethaken des Handrührgeräts auf kleiner Stufe verkneten, dabei nach und nach das Öl zugeben. Auf kleiner Stufe 5–6 Min. weiterkneten und, falls nötig, noch etwas Wasser zugeben. Dann auf höchster Stufe in ca. 10 Min. zu einem geschmeidigen Teig verkneten. Den Teig zu einer Kugel formen und in die Schüssel legen. Mit einem feuchten Geschirrtuch abdecken und ca. 1 Std. an einem warmen Ort gehen lassen.

2 Für den Belag Tomaten waschen, halbieren und das weiche Innere entfernen. Die Hälften klein würfeln, dabei die Stielansätze entfernen. Zwiebel schälen und würfeln. Tomaten- und Zwiebelwürfel in einem Sieb mit knapp 1 TL Salz mischen und Wasser ziehen lassen. Danach mit Minze und Pfeffer würzen. Zataar mit 4 EL Öl verrühren.

3 Den Teig durchkneten, wieder zur Kugel formen und weitere 15 Min. gehen lassen. Den Backofen auf 250° vorheizen, zwei Backbleche mit Backpapier belegen.

4 Den Teig nochmals durchkneten und in 32 Portionen teilen. Diese zu Kugeln formen und auf der bemehlten Arbeitsfläche zu 2 mm dicken Kreisen ausrollen. Auf den Blechen verteilen und die Teigränder mit dem übrigen Öl (4 EL) bestreichen. Eine Hälfte der Kreise mit der Tomatenmischung belegen, die andere Hälfte mit Zataar-Öl bestreichen. Im Ofen (Mitte) nacheinander in 10–15 Min. goldbraun backen.

HAPPEN ZUM SCHNAPPEN

Für 4 Personen • 30 Min. Zubereitung • Pro Person ca. 230 kcal, 5 g E, 13 g F, 21 g KH

TABOULÉ-SALATSCHIFFCHEN

SCHICK ANGERICHTET

50 g feiner Bulgur
4 Tomaten
5 Frühlingszwiebeln
150 g Petersilie
40 g Minze
2 Zitronen
5 EL Olivenöl
Salz
Pfeffer
½ Granatapfel
2 Römersalatherzen

SCHNELL AUFGEPEPPT
Mit Halloumi ergänzt, schmecken die Happen besonders fein. Dafür 200 g Halloumi in Würfel schneiden und in einer beschichteten Pfanne mit wenig Öl rundum leicht braun braten. Die Würfel vor dem Servieren warm oder kalt auf den Salatschiffchen verteilen.

1 Bulgur in ein feines Sieb geben und unter fließendem kaltem Wasser abspülen, bis das Wasser klar abläuft. Abtropfen lassen, in eine Schüssel geben und mit einer Gabel auflockern.

2 Tomaten waschen, halbieren und die Kerne mit einem Löffel herausschaben. Die Hälften klein würfeln und dabei die Stielansätze entfernen. Frühlingszwiebeln putzen, waschen, trocken schütteln und in feine Ringe schneiden.

3 Petersilie und Minze waschen und trocken schütteln. Die Petersilie im Bund aufs Schneidebrett legen und mit einem scharfen Messer nicht zu fein zerschneiden. Die Minzeblätter abzupfen und in Streifen schneiden.

4 Zitronen auspressen. 4 EL Zitronensaft mit Olivenöl und ½ TL Salz verrühren. Das Dressing mit Pfeffer würzen. Tomaten, Frühlingszwiebeln, Kräuter und Dressing zum Bulgur geben. Alles vermischen und das Taboulé zuletzt mit Salz, Pfeffer und Zitronensaft abschmecken.

5 Granatapfelkerne aus der Schale lösen und unter das Taboulé mischen. Römersalat in einzelne Blätter zerteilen, waschen und trocken schleudern. Das Taboulé in die Salatblätter füllen, die Schiffchen auf einer Platte anrichten und servieren.

Für 4 Personen • 40 Min. Zubereitung • Pro Portion ca. 315 kcal, 11 g E, 26 g F, 8 g KH

ZUCCHINIRÖLLCHEN MIT ZIEGENKÄSE

ERFRISCHEND GRÜN

2 dicke Zucchini (à 300 g)
Salz
3 Zweige Thymian
2 Stängel Minze
150 g cremiger Ziegenfrischkäse
25 g gehackte Pistazienkerne
Pfeffer
3 EL Zataar
5 EL Olivenöl

AUSSERDEM
Zahnstocher (nach Belieben)

SCHÖNE SCHEIBEN
Ideal zum Schneiden der Zucchini ist eine Brotschneidemaschine. Damit gelingen besonders gleichmäßige Scheiben. Ist keine vorhanden, einfach zu einem Küchenhobel oder einem Messer greifen.

1 Zucchini waschen, putzen und der Länge nach in 2–3 mm dicke Scheiben schneiden oder hobeln. Inzwischen in einem Topf Wasser aufkochen und salzen. Die Zucchinischeiben portionsweise im kochenden Salzwasser in 1–2 Min. bissfest garen. Mit einem Schaumlöffel herausheben oder in ein Sieb abgießen, kalt abbrausen und abtropfen lassen.

2 Thymian und Minze waschen, trocken schütteln und die Blätter fein schneiden. Die Kräuter mit Frischkäse und Pistazien verrühren. Die Creme mit Salz und Pfeffer würzen.

3 Die Zucchinischeiben auf einem sauberen Geschirrtuch auslegen und sorgfältig trocken tupfen. Auf das untere Drittel mittig jeweils etwas Ziegenkäsecreme verteilen und mit etwas Zataar bestreuen. Die Scheiben dann von unten nach oben aufrollen und eventuell vorsichtig leicht flach drücken.

4 Olivenöl in einer beschichteten Pfanne erhitzen und die Röllchen darin portionsweise bei mittlerer Hitze braten, bis sie leicht bräunen. Dabei einmal wenden. Fertige Zucchiniröllchen aus der Pfanne nehmen, nach Belieben mit Zahnstochern zum Aufpicken versehen und warm oder kalt servieren.

*Für 20 Stück • 30 Min. Zubereitung • 25 Min. Garen • 10 Min. Ruhen •
Pro Stück ca. 55 kcal, 3 g E, 5 g F, 1 g KH*

GEFÜLLTE MINI-PAPRIKA

SOMMERLICH

350 g Blattspinat (ersatzweise 250 g TK-Spinat)
1 Knoblauchzehe
4 EL Olivenöl
20 Mini-Paprika (350 g; Snack-Paprika)
½ Bund Petersilie
100 g Schafskäse (Feta)
125 g Schafsfrischkäse (ersatzweise Ziegenfrischkäse)
¼ TL getrockneter Oregano
1 TL Ras el Hanout (oriental. Gewürzmischung)
Salz
Pfeffer

1 Spinat verlesen, putzen, waschen und trocken schütteln. Die Blätter übereinanderlegen und grob schneiden. Knoblauch schälen und klein würfeln. 1 ½ EL Öl in einer großen Pfanne erhitzen und den Knoblauch darin andünsten. Den Spinat zugeben und bei großer Hitze unter Rühren zusammenfallen lassen, bis möglichst viel Wasser verdunstet ist. In ein Sieb geben, abtropfen und leicht abkühlen lassen. Dann möglichst viel Flüssigkeit herausdrücken und den Spinat fein hacken.

2 Inzwischen den Backofen auf 200° vorheizen. Paprika waschen und jeweils vom Stielansatz zur Spitze hin einen kleinen v-förmigen Keil herausschneiden. Weiße Trennwände und Kerne aus den Schoten entfernen.

3 Petersilie waschen, trocken schütteln und die Blätter grob schneiden. Schafskäse trocken tupfen und mit einer Gabel zerdrücken. Spinat, Petersilie, Schafskäse, Frischkäse, Oregano und Ras el Hanout gründlich vermischen. Die Creme mit Salz und Pfeffer würzen, in die Paprika füllen und gut festdrücken.

4 Die gefüllten Paprika mit der Füllung nach oben in eine passende ofenfeste Form legen und mit dem übrigen Öl (2 ½ EL) beträufeln. Im Ofen (Mitte) ca. 25 Min. garen, bis sie weich sind. Herausnehmen und ca. 10 Min. abkühlen lassen. Lauwarm oder abgekühlt servieren.

Für 20 Stück • 30 Min. Zubereitung • Pro Stück ca. 70 kcal, 2 g E, 4 g F, 6 g KH

APRIKOSEN MIT FRISCHKÄSE

FEINE FRÜCHTCHEN

1 Orange
1 EL Honig
50 g Walnusskerne
40 g Pistazienkerne
150 g Labneh (ersatzweise Frischkäse)
Salz
Pfeffer
½ EL Ras el Hanout (oriental. Gewürzmischung)
½ TL Zimtpulver
2 Msp. Chilipulver
20 getrocknete Soft-Aprikosen

1 Orange auspressen. Den Saft mit Honig in einem kleinen Topf bei mittlerer bis großer Hitze in 5–8 Min. auf 3 EL einkochen lassen. Den Sirup abkühlen lassen. Inzwischen Walnüsse und Pistazien nacheinander in einer beschichteten Pfanne ohne Fett rösten, bis sie duften. Herausnehmen und abkühlen lassen.

2 In einem Blitzhacker oder von Hand die Walnüsse grob, die Pistazien fein zerkleinern. Labneh mit Sirup, Walnüssen und der Hälfte der Pistazien verrühren. Die Masse mit Salz, Pfeffer, Ras el Hanout, Zimt- und Chilipulver würzen.

3 Aprikosen längs am Rand bis leicht über die Hälfte aufschneiden, sodass sie sich wie Muscheln aufklappen lassen. Die Frischkäsemasse in die Früchte füllen und die beiden Aprikosenhälften leicht über der Füllung zusammendrücken.

4 Die übrigen Pistazien auf einen Teller geben und die Füllung seitlich leicht hineindrücken. Die gefüllten Aprikosen auf einem Teller anrichten und servieren.

Für 4 Personen • 20 Min. Zubereitung • 30 Min. Backen • Pro Person ca. 365 kcal, 23 g E, 26 g F, 8 g KH

GRÜNE KRÄUTER-OMELETT-WÜRFEL

FRÜHLINGSREZEPT

100 g Blattspinat
1 großes Bund Petersilie
½ großes Bund Koriandergrün
1 großes Bund Dill
1 große Zwiebel
3 EL Olivenöl
8 Eier (L)
2 EL Mehl
¼ TL Backpulver
100 g Schafskäse (Feta)
¾ TL gemahlene Kurkuma
Salz
Pfeffer

1 Spinat verlesen, putzen, waschen und trocken schleudern. Die Blätter übereinanderlegen und klein schneiden. Petersilie, Koriandergrün und Dill waschen und trocken schütteln. Grobe Stiele entfernen und die Kräuter grob schneiden.

2 Zwiebel schälen und klein würfeln. In einer beschichteten Pfanne 2 ½ EL Olivenöl erhitzen und die Zwiebel darin bei kleiner bis mittlerer Hitze langsam goldgelb braten.

3 Inzwischen die Eier in einer großen Schüssel grob verquirlen. Mehl und Backpulver mischen. Schafskäse in knapp 1 cm große Würfel schneiden. Den Backofen auf 200° vorheizen. Eine ofenfeste Auflaufform (15 × 20 cm) mit dem übrigen Öl (½ EL) einfetten und glatt mit Backpapier auslegen.

4 Spinat und Kräuter zur Zwiebel geben und bei mittlerer Hitze unter gelegentlichem Rühren 5–8 Min. braten. Dabei sollen beide zusammenfallen und möglichst keine Flüssigkeit abgeben. Zuletzt Kurkuma einrühren, leicht salzen und pfeffern. Vom Herd nehmen und etwas abkühlen lassen.

5 Kräuter-Spinat-Mischung und Schafskäse unter die Eier mischen, dann die Mehlmischung gründlich unterrühren. Mit Salz und Pfeffer abschmecken. Die Eiermasse in die Form gießen und im Ofen (unten) in 25–30 Min. goldbraun backen. Herausnehmen und kurz abkühlen lassen, dann mithilfe des Backpapiers aus der Form heben. Mindestens lauwarm abkühlen lassen, in Würfel schneiden und lauwarm oder kalt servieren.

GU
CLOU

Hier werden Kräuter nicht als Würze, sondern als Gemüse verwendet. Wichtig dabei: Langsam bei mittlerer Hitze andünsten, sodass sie weich werden und Aroma entwickeln. Auf keinen Fall dürfen sie zu weich und matschig werden, sonst wird das Omelett nicht richtig fest.

Für 4 Personen (ca. 24 Stück) • 1 Std. Zubereitung • Pro Portion ca. 680 kcal, 19 g E, 59 g F, 19 g KH

ZUCCHINI-MÖHREN-FRITTER

KNUSPRIG-FLUFFIG

2 mittlere Zucchini (400 g)
2 Möhren (150 g)
Salz
200 g Halloumi
3 Frühlingszwiebeln
1 kleines Bund Dill
70 g Mehl
⅓ TL Backpulver
1 TL gemahlener Kreuzkümmel
½ TL gemahlene Kurkuma
2 Eier (M)
Pfeffer
1,2 l Öl zum Frittieren

GUT ZU WISSEN

Keine Lust zum Frittieren? Dann die Masse einfach in reichlich heißem Öl in der Pfanne braten. Pro Fritter 1 guten EL Masse ins Öl setzen, leicht flach drücken und knusprig braun braten. Dabei einmal wenden.

1 Zucchini putzen und waschen, Möhren schälen. Beides auf der Rohkostreibe grob raspeln und in ein feines Sieb geben. Mit 1 knappen TL Salz mischen, das Sieb über eine Schüssel hängen und das Gemüse ca. 15 Min. Wasser ziehen lassen.

2 Inzwischen Halloumi trocken tupfen und grob raspeln. Frühlingszwiebeln putzen und waschen. Den weißen Teil längs vierteln und in feine Stücke schneiden. Den grünen Teil in feine Ringe schneiden. Dill waschen, trocken schütteln und die Spitzen fein schneiden. Mehl, Backpulver, Kreuzkümmel und Kurkuma mischen. Eier in einer Schüssel verquirlen.

3 Die Zucchini-Möhren-Mischung nur leicht ausdrücken, nicht völlig trocken drücken. Dann mit Frühlingszwiebeln und Dill unter die Eier mischen. Halloumi und Mehlmischung unterrühren. Die Masse salzen, pfeffern und ca. 10 Min. ziehen lassen.

4 Inzwischen das Öl in einem Topf oder in der Fritteuse auf 175° erhitzen. Es ist heiß genug, wenn an einem hineingetauchten Holzspieß sprudelnd Bläschen aufsteigen.

5 Aus der Zucchini-Möhren-Masse mit zwei Esslöffeln längliche Bällchen formen und portionsweise ins heiße Öl geben. In 3–4 Min. knusprig braun ausbacken, dabei einmal wenden. Fertige Fritter herausheben, durch Küchenpapier abtropfen lassen und am besten noch warm servieren.

GEMÜSE FRISCH ANGEMACHT

Für 4 Personen • 20 Min. Zubereitung • 1 Std. Garen • Pro Portion ca. 275 kcal, 7 g E, 14 g F, 27 g KH

BUNTE BETE MIT ZIEGENKÄSE

SUPERAROMATISCH

750 g möglichst kleine Bunte Bete (ersatzweise Rote Bete)
1 Bio-Orange
2 EL Granatapfelmelasse
1 EL flüssiger Honig
3 EL Olivenöl
1 TL Korianderkörner
Salz
Pfeffer
4 Ziegenfrischkäsetaler (z. B. Picandou)
4 Stängel Minze
1 EL Schwarzkümmel

GUT ZU WISSEN

Der Reiz liegt hier in der Balance der Marinade: süßer Honig, trifft auf süßsäuerliche Granatapfelmelasse und Orangensaft. Wer möchte, kann zuletzt noch etwas Limettensaft über die Bete träufeln. Das akzentuiert noch die Säurenote und sorgt für mehr Frische beim leicht erdigen Geschmack der Bete.

1 Den Backofen auf 200° vorheizen. Die Beten putzen, schälen und je nach Größe längs vierteln oder sechsteln. In eine ofenfeste Form geben. Orange heiß abwaschen und abtrocknen. Die Hälfte der Schale mit einem Zestenreißer in Streifen abziehen (alternativ abreiben), den Saft auspressen.

2 Orangenschale und -saft mit Granatapfelmelasse, Honig und 2 EL Olivenöl in einer Schale verrühren. Korianderkörner in einem Mörser grob zerreiben. Unter die Marinade mischen und diese kräftig mit Salz und Pfeffer würzen.

3 Die Marinade mit den Bete-Stücken vermischen. Die Form mit Alufolie verschließen und die Beten im Ofen (Mitte) 45–60 Min. garen. Dabei ein- bis zweimal durchrühren und, falls nötig, wenig Wasser (oder besser Orangensaft) zugießen.

4 Die Beten aus dem Ofen nehmen und mindestens lauwarm abkühlen lassen. Das übrige Öl (1 EL) untermischen, die Beten nochmals mit Salz und Pfeffer abschmecken und in einer flachen Servierschale anrichten.

5 Ziegenkäsetaler in kleine Stücke schneiden. Minze waschen und trocken schütteln, die Blätter abzupfen und grob zerpflücken. Ziegenkäse und Minze auf den Beten verteilen, mit Schwarzkümmel bestreuen und servieren.

Für 4 Personen • 20 Min. Zubereitung • 35 Min. Garen • Pro Portion ca. 200 kcal, 4 g E, 15 g F, 12 g KH

AUBERGINEN MIT SAFRANJOGHURT

MACHT WAS HER

2 Auberginen (500 g)
2 Knoblauchzehen
4 EL Olivenöl
1 Briefchen Safranpulver (0,1 g)
200 g griechischer Joghurt (10 % Fett)
2 EL Limettensaft
Salz
Pfeffer
½ Granatapfel
2 Stängel Minze

1 Den Backofen auf 200° vorheizen, ein Backblech mit Backpapier belegen. Auberginen waschen und in 1 cm dicke Scheiben schneiden. Knoblauch schälen, 1 Zehe zum Öl pressen. Die Scheiben von beiden Seiten mit dem Knoblauchöl bepinseln und auf das Blech legen. Im Ofen (Mitte) 30–35 Min. garen, dabei nach 20 Min. wenden.

2 Inzwischen Safran mit 4 EL kochend heißem Wasser übergießen und ca. 10 Min. ziehen lassen. Übrige Knoblauchzehe zum Joghurt pressen. Safranwasser und 1 EL Limettensaft unterrühren. Den Joghurt mit Salz, Pfeffer und dem restlichen Limettensaft (1 EL) abschmecken. Granatapfelkerne aus der Schale lösen. Minze waschen, trocken schütteln und die Blätter in Streifen schneiden.

3 Die Auberginen aus dem Ofen nehmen, dachziegelartig auf einer Platte anrichten und lauwarm abkühlen lassen. Mit Safranjoghurt beträufeln, mit Minze und Granatapfelkernen bestreuen.

Für 4 Personen • 20 Min. Zubereitung • 20 Min. Garen • Pro Portion ca. 195 kcal, 4 g E, 15 g F, 11 g KH

GEBRATENE PAPRIKA MIT MANDELN

RAUCHIG-WÜRZIG

4 Paprika (gelb und rot)
1 Knoblauchzehe
1 Zweig Thymian
4 EL Olivenöl
3 EL Mandelstifte
½ TL Kreuzkümmelsamen
2 EL flüssiger Honig
1 TL Pimentón de la vera forte (ersatzweise geräuchertes scharfes Paprikapulver)
Salz
Pfeffer
1 EL Sherryessig (ersatzweise Rotweinessig)
⅓ Bund Koriandergrün

1 Paprika waschen, halbieren, weiße Trennwände und Kerne entfernen. In 5 mm breite Streifen schneiden. Knoblauch schälen und in Scheiben schneiden. Thymian waschen, trocken schütteln und die Blätter hacken. Öl in einer beschichteten Pfanne erhitzen und die Mandeln darin hellbraun rösten. Auf Küchenpapier entfetten.

2 Das Öl erneut erhitzen und die Paprika darin braten, bis die Ränder bräunen. Knoblauch und Kreuzkümmel unterrühren, Thymian und Honig zugeben und unter Rühren 2–3 Min. mitbraten. Die Paprika mit Pimentón de la vera, Salz und Pfeffer würzen und zugedeckt bei kleiner Hitze in weiteren 5–7 Min. gar dünsten. Dabei nach und nach 4–6 EL Wasser zugeben. Die Paprika mit Essig ablöschen und kurz offen garen, bis der Essiggeruch verflogen ist. Abkühlen lassen.

3 Koriandergrün waschen, trocken schütteln und die Blätter schneiden. Mit den Mandelstiften unter die Paprika heben und servieren.

Für 4 Personen • 20 Min. Zubereitung • 20 Min. Garen • Pro Portion ca. 90 kcal, 1 g E, 5 g F, 8 g KH

HONIGMÖHREN MIT ORANGE

DUFTIG FEIN

400 g dünne Möhren (am besten bunte Möhren)
1 Orange
2 TL flüssiger Honig
1 ½ TL (Rosen-)Harissa
⅓ TL Kreuzkümmelsamen
2 EL Olivenöl
Salz
Pfeffer
2 EL Orangenblütenwasser
8 Stängel Koriandergrün

1 Den Backofen auf 220° vorheizen. Möhren schälen, sehr dicke Möhren längs halbieren. Orange auspressen. Die Hälfte vom Saft mit Honig, Harissa, Kreuzkümmel und Öl verrühren. Mit Salz und Pfeffer würzen. Möhren und Würzmischung in einer passenden ofenfesten Form mischen, bis die Möhren gleichmäßig mit der Würzmischung überzogen sind. Die Möhren nebeneinander anordnen.

2 Die Möhren im Ofen (Mitte) 15–20 Min. garen, bis sie gar sind, aber noch leichten Biss haben. Dabei nach gut der Hälfte der Garzeit den übrigen Orangensaft zugießen und alles nochmals durchmischen.

3 Die Möhren aus dem Ofen nehmen und ca. 1 Min. abkühlen lassen. Dann das Orangenblütenwasser untermischen und den Bratensatz damit lösen. Abkühlen lassen. Koriandergrün waschen, trocken schütteln und die Blätter grob schneiden. Die abgekühlten Möhren auf einer Platte anrichten und mit dem Koriandergrün bestreuen.

Für 4 Personen • 15 Min. Zubereitung • 38 Min. Garen • Pro Portion ca. 245 kcal, 8 g E, 18 g F, 5 g KH

ZITRONENFENCHEL MIT FETA

SCHLICHT UND GUT

3 kleine Knollen Fenchel (600 g)
½ Bio-Zitrone
3 EL Olivenöl
Salz
40 g Walnusskerne
100 g Schafskäse (Feta)
4 EL Raki (Anisaperitif; ersatzweise Ouzo)
Pfeffer

1 Fenchel waschen, putzen und das Grün beiseitelegen. Von der Breitseite her längs in 1,5 cm dicke Scheiben schneiden. Zitrone heiß abwaschen, abtrocknen, die Schale fein abreiben, den Saft auspressen. In einer weiten Pfanne 2 EL Saft, 2 EL Öl und etwas Salz verrühren. Die Fenchelscheiben nebeneinander hineinlegen und zugedeckt bei mittlerer Hitze ca. 15 Min. dünsten.

2 Inzwischen Nüsse in einer beschichteten Pfanne ohne Fett rösten, dann grob hacken. Käse grob zerbröseln, Fenchelgrün fein hacken.

3 Die Pfanne öffnen und den Fenchel offen 10–15 Min. braten, bis er unten gebräunt und die Flüssigkeit verdunstet ist. 2 EL Raki zugeben, den Fenchel wenden, übrigen Raki (2 EL) zugeben und die zweite Seite in 5–8 Min. braun braten. Auf einer Platte anrichten und abkühlen lassen. Mit übrigem Öl (1 EL) beträufeln. Mit Pfeffer, Schafskäse, Fenchelgrün, Nüssen und Zitronenschale bestreuen.

GU CLOU

Eiswasser wirkt zusammen mit Zitronensaft wie ein Emulgator und sorgt dafür, dass sich Flüssigkeit und Fett (aus dem Tahin) nicht trennen, sondern luftig leicht verbinden. Das Wasser wie bei einer Mayonnaise nach und nach untermixen, bis die gewünschte Konsistenz erreicht ist.

Für 4 Personen • 25 Min. Zubereitung • 35 Min. Garen • Pro Portion ca. 265 kcal, 7 g E, 21 g F, 11 g KH

OFEN-BLUMENKOHL MIT GRÜNER TAHINSAUCE

MACHT WAS HER

FÜR DEN BLUMENKOHL

1 kleiner Blumenkohl (500 g)
3 EL Olivenöl
1 TL Ras el Hanout (oriental. Gewürzmischung)
Salz
Pfeffer
3 EL grob gehacktes Koriandergrün
5 EL Granatapfelkerne

FÜR DIE SAUCE

5 Eiswürfel
20 g Petersilie
1 Bund Koriandergrün (15 g)
3 EL Tahin (Sesampaste)
1 EL Olivenöl
Saft von 1 Zitrone
½ TL flüssiger Honig
¼ TL gemahlener Kreuzkümmel

1 Für den Blumenkohl den Backofen auf 220° vorheizen. Den Strunk entfernen, den Blumenkohl waschen und in grobe Röschen brechen oder schneiden. Die Blumenkohlröschen in eine passende ofenfeste Form geben. Sie sollen dicht nebeneinander-, jedoch nicht übereinanderliegen.

2 Olivenöl, Ras el Hanout, Salz und Pfeffer verrühren. Die Blumenkohlröschen mit dem Würzöl beträufeln und sorgfältig mischen. Im Ofen (Mitte) 25–35 Min. garen, bis sie leicht bräunen, dabei ein- bis zweimal durchrühren.

3 Für die Sauce die Eiswürfel in einer Tasse mit wenig kaltem Wasser übergießen und schmelzen lassen. Inzwischen Petersilie und Koriandergrün waschen und trocken schütteln. Grobe Stiele entfernen und die Kräuter grob schneiden. Dann Kräuter, Tahin, Olivenöl, Zitronensaft, Honig und Kreuzkümmel möglichst fein pürieren. Dabei nach und nach so viel Eiswasser zugeben, bis eine fluffige Creme entstanden ist.

4 Die Tahinsauce auf einem Servierteller verstreichen. Die Blumenkohlröschen aus dem Ofen nehmen und warm oder abgekühlt auf der Sauce anrichten. Mit Koriandergrün und Granatapfelkernen bestreuen und servieren.

Für 4 Personen • 20 Min. Zubereitung • 20 Min. Garen • Pro Portion ca. 270 kcal, 4 g E, 18 g F, 27 g KH

KÜRBISPÜREE MIT ORIENTPESTO

HERBSTGERICHT

½ Hokkaido-Kürbis (600 g)
2 Knoblauchzehen
1 ½ TL (Rosen-)Harissa
6 EL Olivenöl
Salz
Pfeffer
1 großes Bund Koriandergrün (20 g)
15 g Walnusskerne
Saft von 1 Limette
⅓ TL gemahlener Kreuzkümmel

1 Den Backofen auf 240° vorheizen. Kerne und Fasern aus dem Kürbis schaben, die Schale mit einem Sparschäler abziehen. Das Fruchtfleisch in 3–4 cm große Stücke schneiden. Knoblauch schälen und grob würfeln. Kürbis, Knoblauch, Harissa und 2 EL Öl in einer ofenfesten Form mischen. Salzen, pfeffern und die Form mit Alufolie verschließen. Den Kürbis im Ofen (Mitte) in 15–20 Min. sehr weich garen, dabei ca. 5 Min. vor Garzeitende die Folie abnehmen.

2 Inzwischen Koriandergrün waschen, trocken schütteln und samt Stielen grob schneiden. Nüsse grob hacken. Mit Koriandergrün, übrigem Öl (4 EL), 2–3 EL Limettensaft und Kreuzkümmel fein pürieren. Das Pesto mit Salz und Pfeffer würzen.

3 Den Kürbis noch warm mit einer Gabel zerdrücken. Mit Salz, Pfeffer und 1–2 EL Limettensaft abschmecken. Das Püree auf einer Platte anrichten und das Pesto löffelweise darauf verteilen.

Für 4 Personen • 20 Min. Zubereitung • 35 Min. Garen • Pro Portion ca. 360 kcal, 6 g E, 13 g F, 54 g KH

SÜSSKARTOFFELN MIT ZATAAR

SOULFOOD VOM FEINSTEN

2 große Süßkartoffeln (800 g)
2 ½ EL Olivenöl
Salz
Pfeffer
3 Msp. Chiliflocken
1 Knoblauchzehe
200 g griechischer Joghurt (10 % Fett)
2 Frühlingszwiebeln
3 Stängel Minze
2 EL Zataar

1 Den Backofen auf 220° vorheizen. Süßkartoffeln schälen, halbieren und die Hälften längs achteln. Die Wedges in eine ofenfesten Form legen und mit Olivenöl, Salz, Pfeffer und Chiliflocken mischen. Im Ofen (Mitte) 20–30 Min. garen, dabei einmal wenden. Wenn die Süßkartoffeln gerade gar sind, den Grill zuschalten und die Wedges in ca. 5 Min. leicht bräunen. Aus dem Ofen nehmen und nach Belieben nur leicht oder vollständig abkühlen lassen.

2 Inzwischen Knoblauch schälen und zum Joghurt pressen. Den Joghurt mit Salz und Pfeffer würzen. Frühlingszwiebeln putzen, waschen und mit dem Grün in Ringe schneiden. Minze waschen, trocken schütteln, die Blätter abzupfen und grob schneiden.

3 Die Süßkartoffelwedges vorsichtig aus der Form heben und auf einer Platte anrichten. Den Knoblauchjoghurt in Klecksen darauf verteilen Mit Frühlingszwiebeln, Minze und Zataar bestreuen und servieren.

Für 4 Personen • 25 Min. Zubereitung • Pro Portion ca. 160 kcal, 5 g E, 10 g F, 11 g KH

SPINAT MIT DATTELN

SCHNELL GEMACHT

6 getrocknete feste Datteln
400 g Baby-Spinat
1 rote Zwiebel
1 Knoblauchzehe
3 EL Pinienkerne
2 EL Olivenöl
Salz
Pfeffer
3 Msp. Chiliflocken
1 Zitrone

1 Datteln halbieren und entsteinen. Die Hälften dann längs halbieren oder dritteln. Spinat verlesen, waschen und gut trocken schütteln oder schleudern. Zwiebel schälen, längs halbieren und quer in Ringe schneiden. Knoblauch schälen und fein würfeln.

2 Pinienkerne in einer beschichteten Pfanne ohne Fett goldgelb rösten. Herausnehmen und abkühlen lassen. Olivenöl in der Pfanne erhitzen. Zwiebel und Knoblauch darin bei kleiner bis mittlerer Hitze in 3–4 Min. glasig dünsten. Den Spinat zugeben, salzen, pfeffern und bei großer Hitze unter Rühren zusammenfallen lassen.

3 Die Datteln untermischen und bei kleiner Hitze 1–2 Min. ziehen lassen. Den Spinat vom Herd nehmen und in einer Schale anrichten. Mit den gerösteten Pinienkernen und Chiliflocken bestreuen und nach Belieben lauwarm oder vollständig abkühlen lassen. Die Zitrone in Spalten schneiden und zum Beträufeln dazu servieren.

Für 4 Personen • 30 Min. Zubereitung • 35 Min. Garen • Pro Portion ca. 160 kcal, 4 g E, 11 g F, 11 g KH

HARISSA-BOHNEN

ECHT SCHARF

2 Tomaten
500 g breite grüne Bohnen
1 Zwiebel
2 Knoblauchzehen
4 EL Olivenöl
1 TL Tomatenmark
1 TL (Rosen-)Harissa
Salz
¾ TL Zucker
1 Zitrone

1 Tomaten unten kreuzweise einritzen, in einer Schüssel mit heißem Wasser übergießen und ca. 10 Min. ziehen lassen. Herausnehmen und die Schale mit einem Messer abziehen. Das Fruchtfleisch klein würfeln, dabei die Stielansätze entfernen und den Saft auffangen.

2 Inzwischen Bohnen waschen, die Enden abschneiden, eventuelle Fäden abziehen. Dann in 5 cm lange Stücke schneiden. Zwiebel schälen und klein würfeln. Knoblauch schälen und längs halbieren.

3 Öl in einem Topf erhitzen und die Zwiebel darin glasig dünsten. Tomatenmark, Harissa, Knoblauch, Bohnen und Tomaten samt Saft zugeben. Mit ½ TL Salz und Zucker würzen und zugedeckt bei großer Hitze ca. 5 Min. garen. Dabei ein- bis zweimal durchrühren. Dann 200 ml Wasser einrühren und zugedeckt bei mittlerer Hitze 25–30 Min. garen. Die Bohnen mindestens lauwarm abkühlen lassen. Die Zitrone in Spalten schneiden und dazu servieren.

REGISTER

Vegane Rezepte, die im Buch mit einem 🌢 gekennzeichnet sind, sind hier grün abgesetzt.

Abkürzungsverzeichnis:
E = Eiweiß
EL = Esslöffel (gestrichen)
F = Fett
kcal = Kilokalorien
KH = Kohlenhydrate
Msp. = Messerspitze
Pck. = Päckchen
TK = Tiefkühl
TL = Teelöffel (gestrichen)
Ø = Durchmesser

LIEBE LESERINNEN UND LESER,

wir wollen Ihnen mit diesem Buch Informationen und Anregungen geben, um Ihnen das Leben zu erleichtern oder Sie zu inspirieren, Neues auszuprobieren. Wir achten bei der Erstellung unserer Bücher auf Aktualität und stellen höchste Ansprüche an Inhalt und Gestaltung. Alle Anleitungen und Rezepte werden von unseren Autoren, jeweils Experten auf ihren Gebieten, gewissenhaft erstellt und von unseren Redakteur*innen mit größter Sorgfalt ausgewählt und geprüft.

Haben wir Ihre Erwartungen erfüllt? Sind Sie mit diesem Buch und seinen Inhalten zufrieden? Wir freuen uns auf Ihre Rückmeldung. Und wir freuen uns, wenn Sie diesen Titel weiterempfehlen, in Ihrem Freundeskreis oder bei Ihrem Online-Kauf.

Sollten wir Ihre Erwartungen so gar nicht erfüllt haben, tauschen wir Ihnen Ihr Buch jederzeit gegen ein gleichwertiges zum gleichen oder ähnlichen Thema um.

KONTAKT ZUM LESERSERVICE

GRÄFE UND UNZER VERLAG
Grillparzerstraße 12
81675 München
www.gu.de

IMPRESSUM

GU ist eine eingetragene Marke der GRÄFE UND UNZER VERLAG GmbH, www.gu.de

ISBN 978-3-8338-9058-1
3. Auflage 2025

Projektleitung: Nathalie Künzl
Lektorat: Petra Teetz
Korrektorat: Andrea Lazarovici
Gesamtgestaltung: ki36 Editorial Design, Sabine Krohberger, München
Herstellung: Felix Robitsch
Satz: Eberl & Koesel Studio GmbH
Reproduktion: medienprinzen GmbH
Druck + Bindung: Firmengruppe APPL, aprinta druck, Wemding
Printed in Germany

Bildnachweis:
Julia Hoersch: S. 06–59 und Stepfotos auf den Klappen
Coco Lang: S. 01, 05 und Stillleben auf den Klappen
Jan Brettschneider: Cover
PicturePeople GmbH & Co. KG: S. 04 Autorinnenfoto

Umwelthinweis:
Nachhaltigkeit ist uns sehr wichtig. Der Rohstoff Papier ist in der Buchproduktion hierfür von entscheidender Bedeutung. Daher ist dieses Buch auf PEFC-zertifiziertem Papier gedruckt. PEFC garantiert, dass ökologische, soziale und ökonomische Aspekte in der Verarbeitungskette unabhängig überwacht werden und lückenlos nachvollziehbar sind.

www.imageprofessionals.com

Die GU-Homepage finden Sie unter www.gu.de

Die Autorin

Tanja Dusy

ist freie Foodjournalistin, orientiert sich bei ihrer Arbeit am Puls der Zeit und ist ein echter Profi beim Thema Ernährungstrends. Ihre Rezepte in zahlreichen Büchern überzeugen seit vielen Jahren durch Kreativität und absolute Verlässlichkeit.

Die Fotografin

Julia Hoersch

ist eine vielfach ausgezeichnete Fotografin, die seit vielen Jahren in Hamburg für zahlreiche renommierte Magazine, Agenturen und Buchverlage arbeitet.